# ARCOIRIS JUNIOR
# COLORES DE PINGÜINOS

## PRESENTANDO COLORES A LAS MENTES JÓVENES

### POR RAINBOW ROY

# COLORES DE PINGÜINOS

El arcoíris está
lleno de todo
tipo de colores.

Juntos exploraremos los colores y también aprenderemos sobre los pingüinos.

# ROJO

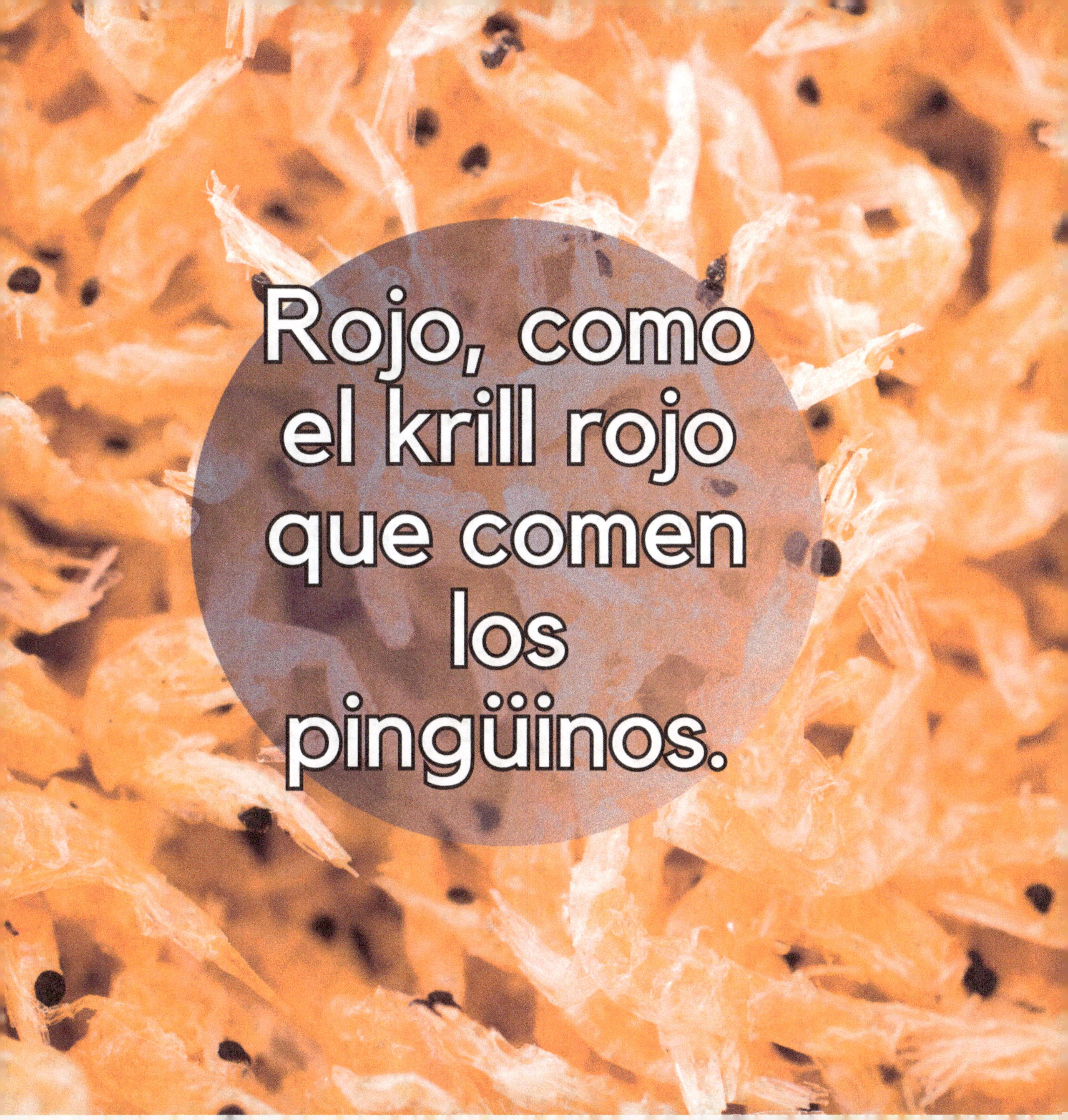
Rojo, como
el krill rojo
que comen
los
pingüinos.

# NARANJA

# Naranja, como el pico de un pingüino.

# AMARILLO

Amarillo, como las cejas de un pingüino penacho amarillo.

# VERDE

Verde, como las algas con las que nadan los pingüinos.

# AZUL

Azul, como el pequeño pingüino azul.

# ÍNDIGO Y PÚRPURA

Índigo y morado,
como las luces del
sur.

Ahora, ¡veamos algunos otros colores, fuera del arcoíris!

# ROSA

Rosa, como las algas rosadas en las que nadan algunos pingüinos.

MARRÓN

Marrón, como
un pingüino rey
bebé.

# BLANCO

# Blanco, como el vientre de un pingüino.

# NEGRO

# Negro, como el lomo
# de un pingüino.

# GRIS

# Gris, como un pingüino emperador bebé.

¡Ahora veamos qué has aprendido!

# ¿De qué color es este pingüino?

Este pingüino es
negro, blanco,
amarillo y naranja.

# ¿De qué color son estos pingüinos?

Estos pingüinos
son grises.
También son en
blanco y negro.

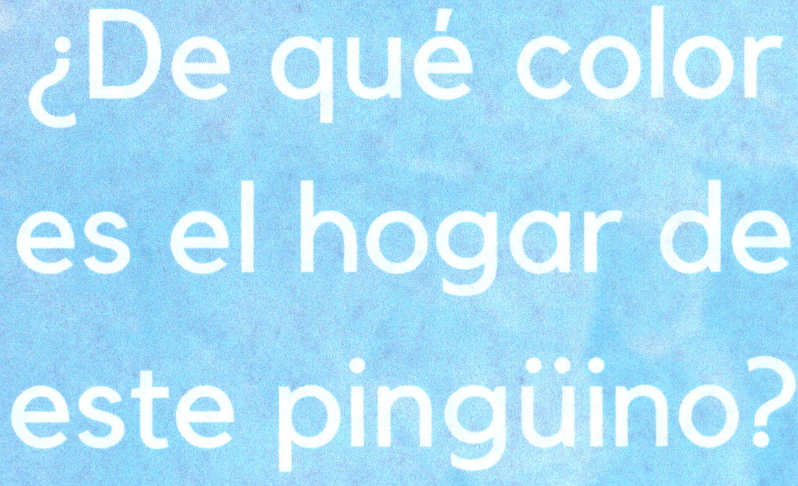
¿De qué color
es el hogar de
este pingüino?

La casa de este pingüino es azul.

¿De qué color
son las patas de
este pingüino?

Las patas de este pingüino son de color naranja.

¡Eres muy inteligente!
Sigue aprendiendo
siempre y nunca olvides
tu amor por aprender.

www.ingramcontent.com/pod-product-compliance
Lightning Source LLC
Chambersburg PA
CBHW080853160726
47999CB00009B/3112